글 안미연

연세대학교에서 심리학을 공부했습니다. 지금은 어린이책을 기획하고 글을 쓰고 있습니다.
쓴 책으로는 〈서울로 보는 조선〉, 〈경주로 보는 신라〉, 〈공주·부여로 보는 백제〉, 〈연표로 보는 우리 역사〉, 〈지도로 보는 우리 역사〉,
〈게임 없이는 못 살아〉, 〈집 바꾸기 게임〉, 〈또박또박 반갑게 인사해요〉, 〈화내지 말고 예쁘게 말해요〉 등이 있습니다.

그림 정경아

10년 동안 애니메이션 작업을 했습니다. 지금은 어린이책에 그림을 그리고 있습니다.
그린 책으로는 〈경주로 보는 신라〉, 〈연표로 보는 우리 역사〉, 〈오공이 학교에 가다〉, 〈그 집에서 생긴 일〉,
〈꿈을 향해 크는 나무〉 등이 있습니다.

감수 원창애

한국학 중앙 연구원 한국학 대학원에서 조선 시대사를 전공하여 문학 박사 학위를 받았습니다.
한국학 중앙 연구원 책임 연구원을 지냈습니다. 〈조선왕조실록 전문사전〉을 편찬했습니다.
연구 저서로 〈조선왕조실의 계보와 구성원〉을 냈으며 〈노상추일기〉를 함께 번역했습니다. 여러 편의 연구 논문을 썼습니다.

조선: 임진왜란부터 농민 봉기까지

초판 1쇄 발행 | 2019년 1월 25일
초판 2쇄 발행 | 2021년 9월 30일

글쓴이 | 안미연 **그린이** | 정경아
감수자 | 원창애 **펴낸이** | 조미현

책임편집 | 황정원 **디자인** | 김수현

펴낸곳 | (주)현암사
등록 | 1951년 12월 24일 · 제10-126호
주소 | 04029 서울시 마포구 동교로12안길 35
전화 | 02-365-5051 · **팩스** | 02-313-2729
전자우편 | child@hyeonamsa.com **홈페이지** | www.hyeonamsa.com
페이스북 | www.facebook.com/hyeonami **블로그** | blog.naver.com/hyeonamsa **트위터** | twitter.com/hyeonami

ⓒ 안미연, 정경아, 2019

IISBN 978-89-323-7483-3 73900

이 도서의 국립중앙도서관 출판예정도서목록(CIP)은 서지정보유통지원시스템 홈페이지(http://seoji.nl.go.kr)와
국가자료공동목록시스템(http://www.nl.go.kr/kolisnet)에서 이용하실 수 있습니다.(CIP제어번호: CIP2019000492)

* 이 책은 저작권법에 따라 보호를 받는 저작물이므로 저작권자와 출판사의 허락 없이 이 책의 내용을 복제하거나 다른 용도로 쓸 수 없습니다.
* 책값은 뒤표지에 있습니다. 잘못된 책은 바꾸어 드립니다.
* 현암주니어는 (주)현암사의 아동 브랜드입니다.

제품명 도서 | **제조년월** 2021년 9월 | **제조자명** (주)현암사
주소 서울시 마포구 동교로12안길 35 | **전화** 02-365-5051
제조국명 대한민국 | **사용연령** 8세 이상

주의사항 책 모서리에 부딪히거나 종이에 베이지 않도록 주의해 주세요.
* KC 마크는 이 제품이 공통안전기준에 적합하였음을 의미합니다.

펼쳐 보는 우리 역사

조선: 임진왜란부터 농민 봉기까지

글 안미연 | 그림 정경아 | 감수 원창애

현암
주니어

단 열두 척의 배로 열 배의 적을 물리친 명량 대첩

명량 해전 때 이순신에게는 단 열두 척의 군함과 어선 한 척뿐이었어요. 그보다 열 배가 넘는 일본 수군의 배가 쳐들어왔어요. 이순신은 임금에게 "신에게는 아직 열두 척의 배가 있습니다."라고 각오를 알렸어요. 군사들에게는 "반드시 죽고자 하면 살 것이요, 반드시 살고자 하면 죽을 것."이라는 말로 격려했어요. 도저히 이길 수 없는 전투였지만 울돌목의 빠른 물살을 이용한 이순신의 지략과 수군의 용기로 명량 해전을 큰 승리로 이끌었어요.

200년 평화를 끝낸 전쟁, 왜란의 시작

조선의 외교 정책은 '사대교린'이었어요. 가장 강한 나라 명을 섬겨서 앞선 문화를 받아들이고, 다른 이웃 나라와는 친하게 지내는 방법이었지요. 그 덕분에 200년 동안 전쟁 없이 평화로웠어요. 하지만 국방을 소홀히 했어요. 이때 일본을 통일한 도요토미 히데요시는 조선, 명까지 정복하겠다는 욕심을 드러냈어요. 임진왜란이 시작되었어요.

조총에 맥없이 무너진 조선의 도읍지

일본은 '명으로 가는 길을 열라'는 구실로 700여 척의 배와 많은 군사를 이끌고 쳐들어왔어요. 일본군은 활로 맞서는 조선군을 조총으로 가볍게 물리쳤어요. 20여 일 만에 조선의 도읍지 한양을 점령했어요. 이어서 평양과 함경도까지 차지했지요. 조선은 무척 위태로워졌어요.

일본을 놀라게 한 수군과 의병

일본군에게 전라도와 바닷길은 무척 중요했어요. 곡식이 많은 전라도를 차지해 군사들의 식량을 대고, 바닷길로 무기를 실어 와 전쟁을 할 작정이었어요. 하지만 이순신의 군사들이 전라도와 바닷길을 지켰어요. 일본군은 한양을 차지했지만 식량과 무기가 부족해 힘을 잃었어요. 게다가 곳곳에서 의병이 나타났어요. 의병은 일본군이 전혀 예상하지 못한 공격이었어요.

7년 전쟁으로 망가진 조선

이순신은 바다에서, 권율과 김시민, 그리고 의병들은 땅에서 일본군을 물리쳤어요. 결국 일본군은 물러갔어요. 전쟁은 이겼지만 7년 동안 치른 전쟁으로 조선 백성들은 죽고 다쳤어요. 농사지을 땅은 망가졌고 경복궁을 시작으로 귀중한 문화재가 불타고 부서졌어요. 조선은 큰 위기에 빠졌어요.

전쟁이 바꿔 놓은 세 나라

전쟁터였던 조선은 말할 것도 없고 명과 일본도 7년의 전쟁으로 큰 변화가 일어났어요. 명이 조선으로 군사를 보낸 사이, 북쪽의 후금 세력이 커져 명은 위기를 맞았어요. 중국의 주인이 명에서 청으로 서서히 바뀌었어요. 일본은 조선에서 데려간 선비, 도공, 활자공과 빼앗아 간 그림, 책, 문화재를 밑거름으로 문화 발전을 이뤘어요.

명량 대첩을 기억하는 진도의 울돌목

진도는 한반도의 남쪽 끝 해남과 진도 대교로 이어져요. 진도 대교는 명량 바다를 가로질러요. 명량 해협이 워낙 좁고 물살이 빨라 해안 벽에 부딪히는 소리가 요란해요. 명량의 '명'은 울음이라는 뜻의 한자예요. '명량'은 울돌목이라고도 불러요. 마치 우는 소리를 내는 듯하다고 우는 돌, 울돌목이라는 이름이 붙여졌어요. 이곳에서 약 420년 전 이순신의 명량 대첩을 기념하는 명량 대첩 축제가 화려하게 열려요.

왜란과 호란이 바꿔 놓은 조선

왜란과 호란으로 조선은 많은 변화를 겪었어요. 바다를 건넌 왜와 북쪽에서 내려온 청은 조선 땅을 짓밟고 군사와 백성의 피로 물들게 했어요. 백성들은 다치고 죽었으며 왜로, 청으로 끌려갔어요. 뼈아픈 전쟁이 끝난 뒤, 조선은 망가진 나라를 다시 세우는 노력을 시작했어요.

사람도 사라지고 논밭도 사라지고

왜란과 호란이 휩쓸고 지나가면서 조선 백성의 수는 반으로 줄었어요. 논밭도 농사를 지을 수 없게 황폐해졌어요. 경상도, 전라도의 논밭이 ¼로 줄었어요. 사람과 땅이 사라지면서 세금이 줄어들고 나라의 살림도 아주 힘들어졌어요. 황폐해진 논밭을 개간하는 노력을 했어요. 나라는 개간을 하면 3년 정도 세금을 내지 않게 해 주었어요. 백성들은 부지런히 논밭을 살려 냈어요.

토지 따라 내는 세금, 대동법

광해군은 전쟁으로 힘들어진 농민들을 위해 대동법이라는 세금 제도를 마련했어요. 세금 가운데 공납은 각 지역의 특산품을 바치는 세금이에요. 대동법은 집집마다 물건으로 내던 공납을 토지(땅)를 기준으로 내게 했어요. 나라에 낼 공물이나 진상할 물품의 양을 토지 결수에 따라 정하고 쌀이나 돈으로 내게 했어요.

백성을 살리는 의학책, 동의보감

전쟁으로 다치고 아픈 사람이 많았어요. 이런 백성들을 위해 〈동의보감〉을 만들었어요. 그동안 쓰던 중국 의학책과 달리 〈동의보감〉은 백성들이 쉽게 구할 수 있는 우리 약초를 기록하고 약초의 이름도 한글로 썼어요. 허준이 쓴 〈동의보감〉은 조선 백성들에게 큰 도움이 되었어요. 중국, 일본에서조차 인기가 높았어요.

성곽을 수리하고 국방력을 강화하고

전쟁으로 부서진 궁궐을 고쳤어요. 무너진 성곽도 다시 쌓아서 방어를 튼튼히 했어요. 국방이 약해 다른 나라의 침략을 받고 막아 내지 못한 것을 반성했어요. 무기를 수리하고, 군사 훈련을 열심히 했어요.

북쪽에서 내려온 청의 침입, 병자호란

왜란이 끝나고 40년이 채 되지 않아 조선은 다시 전쟁에 휩싸였어요. 나중에 청으로 이름을 바꾼 후금이 세력을 키우고 조선으로 쳐들어왔어요. 조선은 또 한 번 전쟁터가 되었어요.

명과 후금 사이에 선 광해군의 중립 외교

광해군이 왕이 되었을 때, 중국에서는 명이 약해지고 후금이 점점 더 강해졌어요. 하지만 조선의 신하들은 아랑곳하지 않고 명을 섬기고 후금을 오랑캐라고 얕잡아 봤어요. 광해군은 신하들과 달리 명과 후금 어느 쪽 편도 들지 않는 중립 외교를 펼쳤어요. 광해군은 명과 후금 사이에서 실리를 얻으면서 백성들의 의미 없는 희생을 막으려 했어요.

'조선은 동생 나라가 돼라.' 정묘호란

광해군을 물러나게 하고 왕이 된 인조는 광해군과 달리, 명의 편을 드는 것이 바른 길이라고 여겼어요. 후금은 명을 치기 전에 명의 편을 드는 조선을 먼저 공격했어요. 정묘호란이 일어났어요. 싸울 힘이 없던 조선은 형제 나라가 되기로 하고 후금을 물러나게 했어요. 더 강해진 후금은 청으로 이름을 바꾸고 조선에 무리한 요구를 서슴지 않았어요. 조선에서는 계속 명을 섬기며 무례한 청을 물리치자는 주장이 일었어요. 이를 안 청은 다시 조선을 공격했어요. 병자호란이 일어났어요.

꼼짝없이 남한산성에 갇힌 45일

청의 태종은 10만 군사를 이끌고 조선을 쳐들어왔어요. 조선은 청을 물리칠 힘이 없었어요. 인조와 신하들은 남한산성으로 피했어요. 청에게 포위된 남한산성에서 임금과 백성들은 식량이 떨어져 배고픔과 추위에 떨어야 했어요. 신하들은 청과 화해를 하자는 쪽과 죽더라도 싸우자는 쪽으로 나뉘었어요. 45일을 버텼지만 결국 인조는 성문을 열고 나가 청에게 항복할 수밖에 없었어요.

청으로 끌려가는 세자와 백성들

인조의 항복으로 조선은 명과 관계를 완전히 끊고 청의 신하 나라가 되어야 했어요. 그 약속을 지키게 하려고 청은 조선 세자와 왕자, 신하들을 볼모로 데려갔어요. 많은 백성들도 끌려갔어요. 신하 나라로서 예물을 보내는 조공을 받치겠다고 했어요. 전쟁이 끝나고 인조는 겨우 한양으로 돌아갔지만 조선 땅은 왜란에 이어진 호란으로 망가지고 백성들은 희생당했어요.

골고루 인재를 뽑아 쓰겠다, 탕평책

'탕평'이란 '탕탕평평'에서 나온 말이에요. 유교를 담고 있는 책 〈서경〉에 '왕도탕탕 왕도평평'이라는 말이 있어요. 왕은 어느 쪽에도 치우치지 않고 공평해야 한다는 뜻이에요. 영조는 '탕평' 정책을 펴겠다고 널리 알렸어요. 나랏일 할 사람을 누구의 집안이라서, 누구의 편이라서 뽑는 것이 아니라 실력에 맞춰 골고루 쓰는 정책이었어요.

왜 탕평책이 필요했을까?

조선 중기에 붕당이 생겨났어요. 붕당은 생각이 같은 사람끼리 모여 만들었어요. 서로 다른 붕당의 의견을 듣고 존중하고 비판하면서 더 좋은 정치를 하려고 노력했어요. 하지만 점점 경쟁이 심해지고 다른 붕당은 조정에서 몰아내고 자기 붕당 사람만 쓰려고 싸웠어요. 실력보다 어느 당 사람인지가 더 중요해졌어요. 붕당끼리 싸우는 당쟁이 더 이상 나라에 도움이 안 된다고 생각한 영조는 당쟁을 막기 위해 이 당 저 당에서 인재를 뽑는 탕평책을 폈어요.

영조의 탕평, 정조의 탕평

당파 싸움이 너무 심해서 왕의 자리까지 당의 의견에 따라서 흔들렸어요. 처음 탕평책을 말한 사람은 숙종이에요. 하지만 숙종 때는 탕평책을 제대로 펼 수 없었어요. 영조는 탕평비를 세우고 자신의 뜻을 널리 알리고 골고루 인재를 뽑았어요. 당쟁의 뿌리가 되는 서원을 정리하기도 했어요. 정조는 한 걸음 더 나아가서 당에 상관없이 인재를 뽑아 쓰고, 심지어 신분도 뛰어넘어 실력 있는 서얼들과도 나랏일을 했어요.

왜 탕평비를 성균관에 세웠을까?

성균관은 나랏일을 할 인재를 기르는 곳이에요. 관리가 될 사람들이 공부하는 곳이지요. 영조는 미래의 관리들이 당파와 상관없이 백성들을 위해서 일하기를 바라는 마음을 담아 성균관에 탕평비를 세웠어요. 성균관 유생들이 오가면서 탕평비를 보고 영조의 뜻을 새기기를 바랐어요.

골고루 섞어 먹는 음식, 탕평채

어느 날 영조는 신하들에게 음식을 내렸어요. 아주 특별한 음식이었어요. 흰 청포묵에 볶은 고기, 미나리, 숙주, 달걀지단, 김 들이 섞인 음식이었어요. 영조는 신하들에게 이 음식의 이름을 알려 주었어요. 바로 '탕평채'였어요. 재료들이 잘 섞여서 맛있는 음식이 되듯이 여러 당들이 힘을 합쳐 백성들이 잘사는 조선을 만들자는 뜻이었어요.

21세기의 인재를 지켜보고 있는 성균관

성균관은 조선 시대 최고의 인재를 키우기 위해 세워졌어요. 성균관의 명륜당에서는 유생들이 공부했고 문묘에서는 공자를 비롯하여 중국과 우리나라의 훌륭한 유학자들의 제사를 지냈어요. 성균관은 600여 년이 지난 지금, 최첨단 공부를 하는 21세기의 인재들을 지켜보고 있어요.

당한 치욕을 되갚아 주자, 북벌론

효종은 청을 정벌하겠다는 뜻을 세웠어요. 청에게 당한 창피를 씻기 위해 청을 정벌하자는 주장이 양반과 백성들에게까지 퍼져 북벌 운동이 일어났어요.

북쪽을 정벌하자는 효종

봉림 대군은 소현 세자와 함께 청의 볼모로 끌려가 8년이나 청에 머물렀어요. 조선으로 돌아와 소현 세자가 갑자기 죽자 동생이었던 봉림 대군이 왕이 되었어요. 효종이에요. 효종은 북벌을 결심했어요. '북'쪽의 청을 '정벌'한다는 뜻이에요. 북벌을 하기 위해 무기를 만들고, 군대를 키워 군사들을 강하게 만들었어요.

실천은 어려운 북벌

북벌을 하려는 효종의 뜻은 강했지만 실천은 어려웠어요. 무기를 만들고 군대를 키우려면 많은 돈이 필요해요. 하지만 전쟁으로 백성들의 살림이 어려워 세금을 걷기 힘들었어요. 나라 살림도 넉넉하지 않았지요. 반대로 청은 점점 더 힘을 키워 동아시아에서 가장 강한 나라로 떠올랐어요. 상대할 수가 없었어요. 더구나 효종이 갑자기 죽어 조선의 북벌은 결국 이루지 못한 꿈으로 끝났어요.

러시아를 물리친 나선 정벌

나선이라고 불리는 러시아가 남쪽으로 내려오자 청과 다툼이 생겼어요. 청은 병자호란 때 약속한 대로 조선에게 청을 도우라고 요구했어요. 조선은 조총 부대를 보내 청을 도왔고 나선을 물리쳤어요. 비록 북벌로 청을 치지 못했지만 갈고 닦은 조선군의 실력을 보여 준 전쟁이었어요.

새로운 조선을 꿈꿨던 소현 세자

볼모로 끌려간 세자

병자호란이 끝나고 소현 세자는 볼모로 청에 끌려갔어요. 조선의 다음 왕이 될 세자가 남의 나라 땅에 끌려가 감시를 당했어요. 무려 8년 동안 청의 심양이란 곳에 머물러야 했어요. 그러나 소현 세자는 마냥 주저앉아 있지는 않았어요.

외교는 소현 세자, 경영은 세자빈

소현 세자는 청의 관리들과 친해졌어요. 시간이 지나면서 청은 조선에 관한 일을 소현 세자와 의논할 정도가 되었지요. 소현 세자는 조선을 위해 기꺼이 외교관 몫을 했어요. 세자빈은 조선에서는 천하게 여겼을 농장 경영과 무역으로 돈을 모았어요. 그 돈으로 조선에서 끌려온 포로들을 구해 내기 위해서였어요.

새로운 문물에 눈뜬 소현 세자

소현 세자는 청이 중국의 강자가 되는 모습을 직접 보았어요. 과학과 문화 발달도 경험했어요. 소현 세자는 청이 조선을 침략한 원수지만 조선도 잘살기 위해서는 청의 문물과 서양 문물도 배워야 한다고 생각했어요.

돌아온 세자, 찾아온 죽음

소현 세자는 드디어 볼모에서 풀려났어요. 8년 만에 조선의 발전을 꿈꾸며 천문학책, 지구의, 자명종 들을 들고 돌아왔어요. 하지만 두 달 만에 갑작스럽게 죽고 말았어요. 조선의 어떤 세자도 하지 않았던 고생을 한 소현 세자가 꿈꿨던 새로운 조선의 꿈도 사라졌어요.

탕탕평평의 뜻을 담아 성균관에 세운 탕평비

영조는 성균관 앞에 탕평비를 세웠어요. '골고루 사귀어 치우치지 않는 것은 군자의 마음이요. 치우쳐서 골고루 사귀지 못하는 것은 소인의 사사로운 욕심이다.'라는 탕평비의 글을 영조가 직접 썼어요. 신하들이 편을 갈라 다투는 당쟁을 막으려는 굳은 뜻을 담아서 세웠어요.

교과서 돋보기

공부에만 묻혀 있던 사림의 등장과 붕당

조선은 선비의 나라예요. 조선은 유교를 나라의 정신으로 삼았어요. 선비는 유교를 공부하고, 유교의 뜻으로 조선을 이끌어 나간 사람들이에요. 선비들은 과거 시험을 통과해 나랏일을 하기도 하고 관직과는 멀리 떨어져 제자를 기르며 평생 공부만 하는 사림이 되기도 했어요.

오랜 세월 숨어서 공부를 하던 사림

조선은 이성계가 신진 사대부와 손을 잡고 세운 왕조예요. 신진 사대부는 유학을 공부한 사람들이에요. 정도전과 정몽주가 유명해요. 신진 사대부는 새 나라 조선을 세우자는 정도전 쪽과 고려는 두고 개혁만 하자는 정몽주 쪽으로 나뉘었어요. 결국 새 나라가 탄생하자 공을 세운 사람들은 '훈구파'라고 해서 중앙 권력자가 되었어요. 반대한 사람들은 도읍지를 떠나 지방에서 학문을 하면서 지방 지배층이 되었어요. 바로 사림의 뿌리예요.

세상 밖으로 나오는 사림

100여 년 동안 도읍지에서 권력을 잡고 부자로 살던 훈구파들이 왕의 힘을 흔들려고 했어요. 왕은 지방에 묻혀 있던 사림들을 불러 나랏일을 맡겼어요. 중앙으로 올라온 사림들은 유학에 맞추어 옳고 그름을 따지고, 훈구 세력의 문제점을 비판했어요. 훈구파와 사림은 서로 균형을 이루며 나랏일을 했어요.

사림의 고향 서원

사림들은 지방에 자리를 잡고 공부하면서 제자들을 길렀어요. 제자들을 기르는 학교가 바로 서원이에요. 서원은 성균관처럼 유학자들에게 제사를 지내는 사당, 제자들을 가르치는 교실, 제자들이 생활하는 기숙사가 있었어요. 이곳에서 공부한 제자들은 과거 시험을 통해서 관직에 나가게 되었어요.

첫 번째 서원, 소수 서원

조선의 첫 번째 서원은 백운동 서원이에요. 주세붕이 서원을 세우고 제자들을 길렀어요. 이황이 이곳의 군수로 나갔을 때 왕에게 서원을 지지해 달라는 의견을 냈어요. 명종은 '소수 서원'이라는 이름과 현판을 내렸어요. 땅과 노비, 서적 들도 보냈어요. 그 뒤로 더 많은 서원이 생겼어요. 나라는 학문 발전을 위해 서원에 도움을 주었고 덕분에 지방 문화가 발달했어요.

최고의 인재를 기르는 국립 학교, 성균관

조선 시대에도 학교가 있었어요. 곳곳에 있는 서당은 초등학교와 같고, 지방의 향교와 한양의 사부 학당은 중·고등학교와 비슷해요. 성균관은 지금의 대학처럼 소과라는 시험에 합격한 유생들만 모여 공부했어요.

공부도 하고 제사도 지내는 성균관

성균관에서는 유학을 공부했어요. 명륜당은 교실이고 동재, 서재는 기숙사예요. 대성전에서는 훌륭한 유학자들에게 제사를 지냈어요. 성균관 유생들에게는 수업은 물론이고 먹는 것, 학용품, 심지어 노비까지 나라에서 준비해 주었어요. 지방에 있는 서원도 성균관처럼 사당, 강당전, 재(기숙사)가 있는 구조예요.

전쟁이 휩쓸고 간 성균관

성균관의 유생은 생원과 진사 그리고 승보시라는 시험에 합격한 사람들이에요. 나라에서는 성균관에서 공부하기를 격려했지만 이들이 반드시 성균관에 들어가야 하지는 않았어요. 전쟁으로 살림이 어려워지자 성균관에 들어와 공부하려는 유생도 줄었어요. 임진왜란 때 성균관 건물도 불타 버려 새로 지어야 했어요.

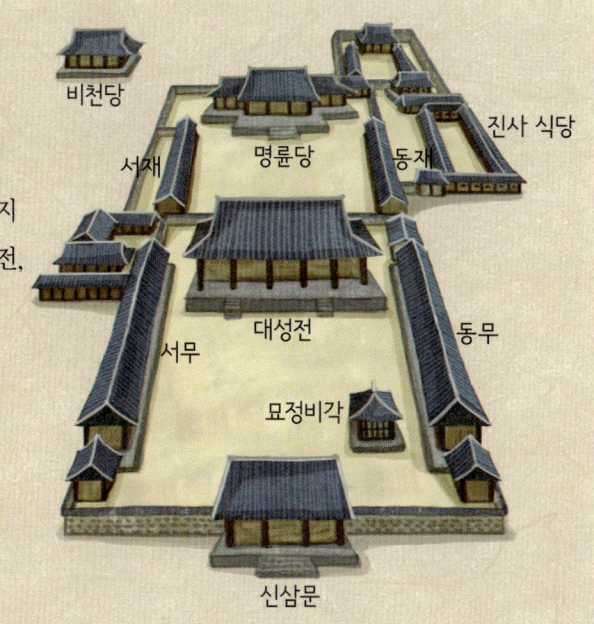

많은 시험을 보는 유생들

성균관에서는 〈논어〉, 〈맹자〉, 〈역경〉 같은 경서(강경)와 글쓰기(제술) 공부를 했어요. 공부를 해서 열흘에 한 번 '순제'라고 하는 제술 시험을 쳤어요. 강경 시험은 '월강'이라고 해서 한 달에 한 번 보았지요. 유생들이 돌아가며 왕 앞에서 '전강'이라는 강경 시험도 봐야 했어요. 어려운 시험을 많이 보아야 했으니 유생들은 무척 열심히 공부했어요.

온종일 공부에 파묻힌 성균관 유생들

성균관 유생들은 동재와 서재로 나뉘어 생활을 했어요. 유생들의 생활 규칙은 엄격했어요. 규칙은 재회라는 학생회에서 스스로 정했어요. 유생들은 아침에 북이 한 번 울리면 일어나고, 두 번 울리면 아침 공부를 했어요. 세 번 울리면 진사 식당에서 아침을 먹었어요. 그러고는 모여서 수업을 했어요. 아침부터 밤까지 쉬지 않고 공부해야 했어요.

공자처럼 되고 싶은 유생들

명륜당 마당에는 은행나무 두 그루가 있어요. 유교를 만든 공자가 은행나무 아래서 제자들을 가르쳤다고 해 성균관에도 심었어요. 이 나무를 보고 공자를 생각하고, 대성전의 뛰어난 유학자들에게 제사를 지내면서 유생들은 훌륭한 유학자가 되고자 했어요. 조선을 이끈 사람 가운데 성균관에서 공부한 사람이 많아요. 조선의 성리학을 꽃피운 율곡과 퇴계, 실학을 펼친 정약용도 성균관에서 학문의 깊이를 더했어요.

외국인들도 아는 활기찬 광장 시장

동대문 주변에는 광장 시장을 시작으로 수많은 상점들이 이어져요.
광장 시장은 처음에는 쌀, 과일, 잡화 들을 팔았어요. 한국 전쟁을 지나면서 옷감, 한복,
이불 등을 파는 상점들이 많아졌어요. 지금은 먹자골목이 있어 우리나라를 찾는
외국인들에게도 유명해요.

활기를 띠는 조선의 상업

왜란과 호란이란 큰 전쟁이 끝나고 조선은 많이 달라졌어요. 농사짓는 법도 발전했어요. 상업이 활발해져 곳곳에 시장이 생겨났어요. 큰돈을 번 상인들도 등장했어요. 백성들의 생활도 많이 바뀌었어요.

더 많이 거둘 수 있는 농사법

전쟁이 끝나고 논밭이 많이 망가졌어요. 황폐해진 땅을 개간하고 저수지를 만들었어요. 농토가 다시 늘어나고 농사법과 농기구도 발달했어요. 모를 옮겨 심는 모내기, 일 년에 두 번 농사를 짓는 이모작으로 생산량이 많아졌어요. 먹고 남는 곡식이 생겨났어요.

시장에 팔 농산품 재배

인삼, 담배, 채소 같이 팔기 위해 농사를 짓기도 했어요. 담배는 임진왜란 때 조선에 들어와 널리 퍼졌어요. 우리나라 인삼은 약효가 뛰어나 다른 나라에도 유명했어요. 상업과 무역이 활발해지면서 먹을 것만 키우는 농사에서 담배, 인삼, 채소처럼 팔려는 농사도 짓게 되었어요.

백성들의 상업을 허락한 정조의 '신해통공'

나라에서 허가한 육의전 같은 큰 상점들은 나라에 필요한 물건을 마련하는 대신 그 물건을 독차지해 팔 수 있어요. 허락받지 않은 상인이 물건을 팔면 장사를 못 하게 막는 권리가 있었어요. 상업이 발달하면서 정조는 육의전의 권리를 없앴어요. 1791년 신해년에 발표해 '신해통공'이라고 해요. 작은 상점, 힘없는 상인들도 맘 놓고 장사할 수 있게 되었고 상업은 더욱 활발해졌어요.

마포 새우젓 장수는 이마가, 왕십리 미나리 장수는 목덜미가 까맣다

상업이 활발해지면서 많은 상인들이 한양으로 와 장사를 했어요. 바닷가에서 만든 젓갈은 마포 나루로 들어왔어요. 이른 아침에 서쪽 마포에서 한양 도성으로 들어오려면 햇볕을 받아 얼굴이 까맣게 탔어요. 채소를 많이 재배하는 동쪽 왕십리에서 들어오는 미나리 장수는 해를 등지고 오니까 목이 탔어요. 그래서 생겨난 말이에요.

자연스럽게 생겨난 이현 시장

조선의 상업이 발달하면서 동대문 가까이에 배오개 시장이 생겨났어요. 배나무가 많은 고개 옆에 있어서 붙여진 이름이에요. '배나무 고개'를 한자로 쓰면 '이현'이에요. 나라에서 만든 시전과 달리 동대문 근처의 이현과 남대문 앞의 칠패 시장은 백성들이 자연스럽게 만든 시장이에요.

선비들이 다치는 사건, 사화

사림들은 과거 시험을 통해 중앙으로 나왔어요. 이들이 훈구파들의 잘못을 지적하자 훈구파들은 사림을 몰아내고 싶었어요. 꼬투리를 잡아서, 혹은 잘못을 키워서 사림들을 죽이거나 관직에서 쫓아냈어요. 이 사건을 '사'림들이 '화'를 입어 불행을 당했다고 해서 '사화'라고 해요. 네 차례의 큰 사화로 사림들이 많이 다쳤어요. 하지만 사림들은 꾸준히 힘을 길러 다시 중앙 정계로 나와 정치의 주역이 됐어요.

뜻이 같은 사람끼리 나뉘는 사림

점점 정치의 주역이 된 사림은 개혁을 해 더 나은 조선을 만들고 싶었어요. 개혁을 하는 과정에서 의견이 다른 사람들이 생겨났어요. 동인과 서인이라는 붕당이 생겨났어요. 붕당은 정치나 학문에 관한 생각이 비슷한 사람들끼리 모인 당이에요. 붕당들은 서로의 의견을 존중하고 때로는 비판하면서 나라가 잘되도록 서로 격려했어요.

나라보다 나의 붕당이 먼저

또 100년이 흐르면서 붕당 정치는 변했어요. 서로를 인정하지 않고 상대 붕당을 몰아내려 했어요. 백성을 이롭게 하는 정치를 하기보다는 자기 당만 권력을 차지하려고 했어요. 붕당은 점점 더 여러 개로 갈라졌어요. 권력을 잡은 당은 자기 당만 무조건 옳다고 우기고, 자기 당의 사람만 뽑아서 쓰려고 했어요. 나랏일은 제대로 되지 않았어요.

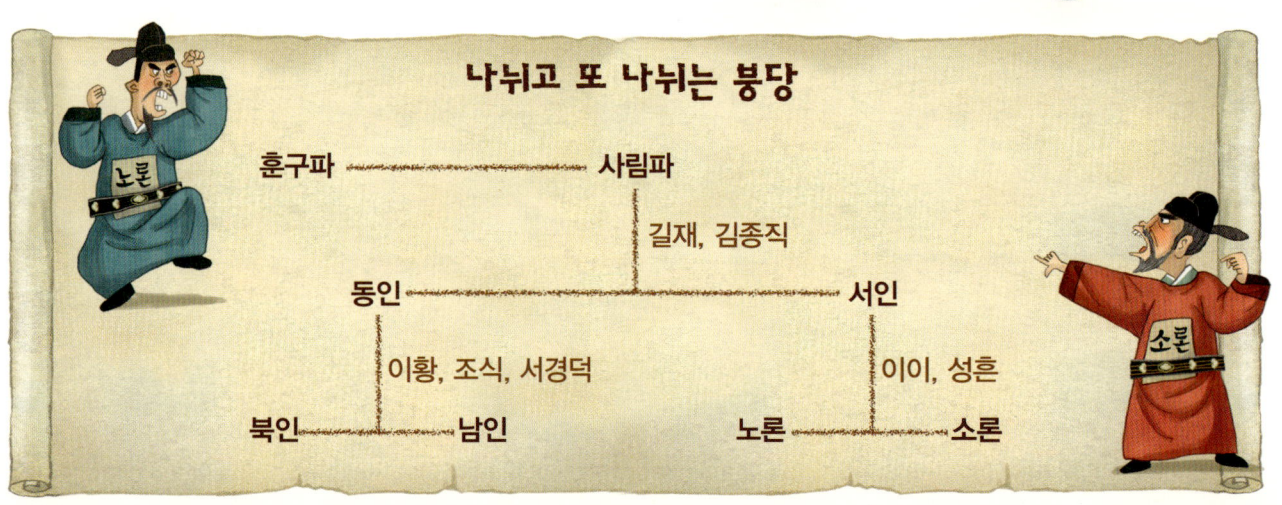

나뉘고 또 나뉘는 붕당

훈구파 ——— 사림파
　　　　　　　　길재, 김종직
　　　　　동인 ——— 서인
　　이황, 조식, 서경덕　　　이이, 성혼
북인 ── 남인　　　노론 ── 소론

너도 나도 양반, 흔들리는 신분 제도

조선에서 양반은 백성 위에 서서 호령하며 살았어요. 양반은 최고의 지배 계급으로 존경받는 것을 당연하게 여겼어요. 그러나 전쟁을 겪고 농업과 상업이 발달해 부자 상민이 생기면서 양반의 자리가 흔들리기 시작했어요.

양반도 부럽지 않은 부자 상민

모내기, 이모작처럼 농사법이 발달하면서 적은 노동력으로 더 넓은 농토에 농사를 지을 수 있었어요. 생산하는 쌀의 양도 더 많아졌지요. 상업이 발달해 남은 쌀을 팔아 더 많은 땅을 샀어요. 양반보다 부자인 상민이 생겨났어요.

점점 많아지는 양반

부자가 된 상민은 양반이 되고 싶었어요. 양반은 귀한 대접을 받고 군대도 가지 않았으니까요. 전쟁이 끝나고 나라 살림이 어려워지자, 나라에 돈을 내면 공명첩이라는 명예 임명장을 주었어요. 관직은 없지만 양반이 될 수 있었어요. 또 몰래 양반의 족보를 돈으로 사 양반 행세를 했어요. 양반의 수가 점점 많아졌어요.

상민보다 못한 양반

반대로 양반이지만 상민이나 노비보다 못한 가난한 양반들도 있었어요. 당쟁이 심해지면서 몇몇 적은 수의 양반만 권력자가 되었어요. 밀려난 양반은 고향에서만 겨우 위세를 유지했어요. 이보다 못한 가난한 양반은 남의 땅에서 소작농처럼 일을 했어요. 이들은 벼슬하는 관리도 아니고 공부하는 선비도 아니었어요.

상민보다 많아진 양반

조선 후기에는 양반의 수가 엄청 늘어났어요. 숙종 때 열 명 가운데 한 명이 양반이었다면 이백 년이 채 지나지 않은 철종 때는 열 명 가운데 무려 일곱 명이 양반이었어요. 반대로 세금을 내고 군대를 가는 상민은 줄어들었어요. 상민이 짊어질 세금은 점점 늘었어요.

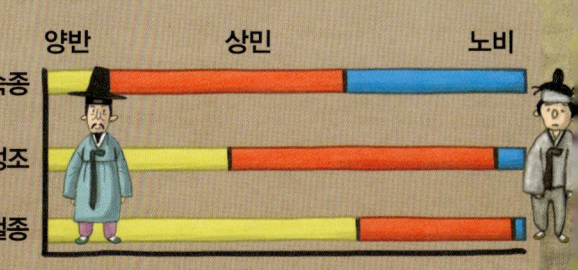

백성들이 만든 이현, 칠패 시장

종로 운종가에는 나라에서 허가한 상점이 있었어요. 나라에서 허가한 운종가 상점만 물건을 팔 수 있었어요. 점점 농업이 발달하면서 쌀 생산이 많아지고, 팔기 위한 농산품도 많아져 새로운 시장이 생겨났어요. 남대문 밖에 칠패 시장, 동대문 가까이에 이현 시장이 등장했어요. 자연스럽게 생긴 시장이었어요. 백성들은 날마다 이곳에서 물건을 사고팔았어요.

전국 곳곳에 생긴 시장, 장시

지방에도 시장이 많아졌어요. 보부상은 전국 지방 시장을 돌아다니면서 물건을 팔았어요. 보자기에 싼 봇짐을 들거나 멘 '보상', 지게에 얹어 등에 지고 다니는 '부상'을 합쳐 '보부상'이라고 불렀어요. 보부상은 조직이 있었어요. 규율이 엄했지만 형제처럼 서로 도움을 주었어요. 장시에는 잠자리와 음식을 마련해 주는 여각, 물건을 보관하고 돈을 빌려주기도 하는 객주가 있었어요. 상업이 발달하면서 날마다 여는 시장도 생겼어요.

무역으로 큰 부자가 된 거상

외국과 물건을 사고파는 무역도 활발해졌어요. 주로 청이나 일본과 무역을 했어요. 청과 가까운 의주, 경원, 회령 등에서 조선의 금, 은, 인삼, 소가죽 들을 팔고, 청의 비단, 서양목, 약, 보석 들을 사 와 전국에 팔았어요. 의주 만상, 개성의 송상, 일본과 무역을 하는 동래 내상은 많은 돈을 벌어 큰 부자, 거상이 되었어요.

물건을 파는 '가게'는 '가가'가 변한 말

가게는 '가가 (임시 가 假, 집 가 家)'라는 한자가 변한 말이에요. 물건을 팔기 위해 잠시 동안 지은 집이라는 뜻이에요. 처음에는 물건을 내놓고 팔려고 처마 끝에 차양만 쳤는데 점점 길을 차지하게 되고 시장 길도 구불구불해지고 좁아졌지요.

조선 상인의 계산기, 산가지

산가지는 대나무 같은 나무 막대를 정해진 방법으로 늘어놓고 계산하는 방법이에요. 산가지를 가로로, 세로로 놓아 자릿수와 수를 표시했어요. 산가지는 조선 상인들의 계산기 역할을 했지요.

뛰어난 건축 기술이 아름다운 수원 화성

수원 화성은 유네스코가 정한 세계 문화유산이에요. 조선 후기의 뛰어난 건축 기술이 인정을 받았어요. 화성은 다양한 모양의 건축들이 쓰임새에 맞게 지어졌을 뿐 아니라 빼어나게 아름다워요. 조선 시대에도 백성들의 생활 터전이었고 지금도 수원 시민들이 살아가는 삶의 공간이에요.

정조가 화성을 만든 이유

정조는 불행하게 죽은 아버지 사도 세자의 무덤을 수원의 화산으로 옮기고 '현륭원'으로 높여 부르게 했어요. 그 뒤 화성을 건설하기로 결심해요. 정조는 자신의 개혁 정치를 화성에서 펼치고자 했어요. 그동안 쌓아 온 새로운 기술로 지은 화성에서 백성들이 새로운 농업을 꽃피우고 상업도 자유롭게 할 수 있기를 바랐어요. 화성은 정조의 효심과 백성을 사랑하는 마음이 함께 담긴 새 도시였어요.

과학과 건축의 만남

처음 화성을 계획할 때는 완성까지 10년쯤 걸린다고 예상했어요. 예상과 달리 단 2년 반 만에 화성을 다 지었어요. 정약용이 개발한 거중기로 무거운 돌을 들어 올리고, 지금의 크레인과 비슷한 녹로 같은 과학 기술을 이용했기 때문에 가능했어요. 또한 성벽은 벽돌을 써 아름다우면서도 튼튼하게 지었어요. 과학을 이용해 돈을 적게 들이면서 빠르게 성을 완성했지요.

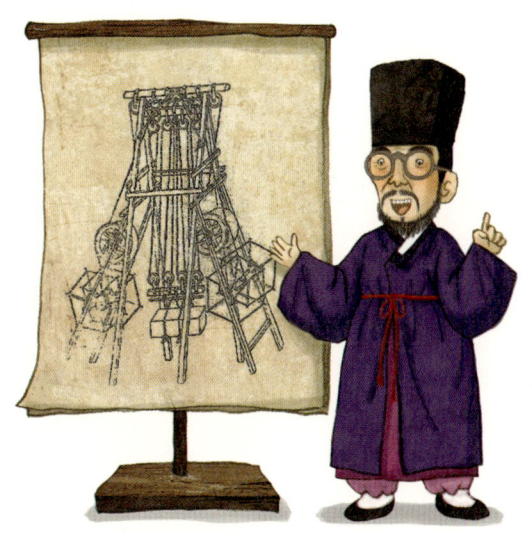

왕보다 백성이 먼저

임금이 머무는 궁은 보통 성 한가운데 있어요. 그러나 화성의 행궁은 한쪽으로 비켜나 있어요. 가운데로 물길을 내고 상점을 놓아 백성들이 살기 편하게 하기 위해서예요. 지을 때도 거중기 같은 기계 덕분에 일꾼들이 다치는 사고를 줄일 수 있었어요. 또한 성을 쌓는 백성들에게 처음으로 임금도 주었어요. 궁궐이나 성을 쌓을 때 백성은 대가 없이 일했던 그 전과는 달랐어요.

백성들이 활기찬 성

정조는 백성들이 화성에서 열심히 일하고 여유롭게 살도록 계획했어요. 나라 농장에서 농사짓게 했으며 만석거, 축만제 같은 저수지도 만들었어요. 상업도 적극 도왔어요. 팔도의 8명의 부자가 화성에서 장사할 수 있게 돈을 빌려주고 작은 가게를 하는 상인도 도와주었어요. 화성에 북에서 남으로 잇는 길을 열어 장사에 편리하도록 했지요.

곳곳에 정조의 꿈이 새겨진 화성

정조는 새로운 도시를 만들기로 결심했어요. 도읍지 한양의 남쪽을 지키는 요새이면서도, 낡은 정치를 버리고 새 정치를 펼칠 수 있는 공간을 만들고 싶었어요. 백성들이 맘 놓고 농사짓고 장사할 수 있는 곳이기를 원했어요. 이런 정조의 꿈이 고스란히 펼쳐진 곳이 화성이었어요.

신분에서 도망치는 노비

조선에서 가장 낮은 계급인 노비도 신분을 바꾸려고 애썼어요. 공명첩을 사기도 하고, 돈을 물고 노비에서 벗어나기도 했어요. 그렇지 못하면 도망쳤어요. 도망친 노비들은 광산이나 도시로 갔어요. 상업이 발달하면서 주인에게 얽매여 있지 않아도 돈을 벌 수 있었거든요. 결국 나라는 관청에 속한 노비들을 상민으로 해방시켰어요. 세금을 낼 백성이 필요했으니까요. 그래도 개인 재산이었던 사노비는 한참 뒤에나 신분이 사라져요.

반만 양반, 서자와 얼자

남자 양반이 상민 여자 사이에서 낳은 아이를 '서자', 천민 여자 사이에 낳은 아이를 '얼자'라 불렀어요. 둘을 합친 '서얼'은 중요한 관직에 나갈 수 없고 차별을 받았어요. 정조는 신하들의 반대를 무릅쓰고 서얼이라도 능력이 뛰어나면 관직을 주었어요. 유득공, 박제가, 이덕무 등이에요. 그 뒤 차차 서얼 차별도 없어졌어요.

여전히 가난한 임노동자

농업, 상업의 발달로 부자 농민이 되는 사람은 사실 극히 적었어요. 많은 수의 농민은 살기가 힘들어 가진 땅도 헐값에 팔아야 했어요. 돈 있는 양반이나 부자 농민, 상인 들이 땅을 사들였어요. 땅도 없는 농민은 결국 농촌을 떠나야 했고 도시에 가서 품을 파는 임노동자가 되었어요.

아들 먼저, 장남은 더 먼저

고려 시대에는 아들과 딸의 차별이 없었어요. 재산도 똑같이 나누고, 제사도 돌아가면서 지냈어요. 조선 중기까지도 마찬가지였어요. 17세기 후반에 와서 양반이 많아지자 자기 집안이 진짜 양반이라고 내세우기 위해 족보를 연구하고 가문을 중히 여겼어요. 아들딸이 돌아가면서 제사를 지낼 때는 아들이 없어도 문제없었어요. 그런데 가문을 중시하고 아들만 제사를 지내면서 아들딸 차별이 심해졌어요. 아무리 딸이 있어도 아들이 없으면 기어이 양자를 들여 대를 잇게 했어요.

교과서 돋보기

공부하고 도전하고 개혁하는 왕, 정조

정조는 새로운 조선을 만들어 싶었어요. 자신의 당만 앞세우며 당쟁하는 신하들과 새로운 조선을 만들 수는 없었어요. 정조는 새로운 사람들과 조선의 발전을 고민했어요. 어떤 당인지, 신분이 어떤지에 상관없이 실력 있는 사람들을 뽑아 조선을 발전시키고 학문과 문화를 일으키고자 했어요.

공부하고 또 공부하는 왕
정조는 공부를 좋아하고 잘했어요. 나이 든 신하들도 쩔쩔 맬 정도로 학문이 깊었어요. 젊은 신하들에게는 '초계문신 제도'를 두어 공부시켰어요. 어려운 과거 시험을 통과한 당하관 가운데 가려 뽑아 규장각에서 또 공부하고 시험을 치르게 했어요. 정조가 직접 시험 문제도 내고 채점도 했어요. 정약용처럼 초계문신들은 최고의 학자로, 관리로 정치, 문화의 주역이 되었어요.

왕의 힘은 훌륭한 인재
정조는 왕의 힘을 키워야 한다고 생각했어요. 그러자면 자신과 함께 일할 훌륭한 인재들이 필요했어요. 궁궐 안에 규장각을 세웠어요. 책이 귀하던 때 아낌없이 책을 사서 규장각에 두고 인재들이 공부하게 했어요. 이들과 정치, 경제, 사회 문제들을 의논하고 답을 구했어요. 왕의 군대 장용영을 세워 무신들도 키웠어요.

누구나 마음껏 장사하라
정조는 신해통공이라는 정책을 폈어요. 나라의 허가를 받은 시전은 허가받지 못한 상인들(난전)을 단속하는 금난전권이라는 권리가 있었어요. 정조는 신해통공으로 금난전권을 없앴어요. 난전들도 편안히 장사할 수 있게 하기 위해서였어요. 조선 상업 발전의 디딤돌이 되었어요.

백성의 목소리에 귀 기울인 왕
조선 시대에 격쟁이라는 제도가 있었어요. 억울한 일을 당한 사람이 임금이 행차하는 길가에서 징이나 꽹과리를 쳐서 임금에게 하소연하던 제도예요. 정조는 화성에 자주 오가서 행차가 많았어요. 이때 백성들도 나와서 볼 수 있게 허락했어요. 어느 행차 길에 모인 수백 명 가운데 한 사람이 나서 관리의 부정부패를 고발했어요. 이를 듣고 정조는 탄식하며 관리를 즉시 잡아다가 엄하게 신문하라고 했어요. 정조는 백성의 한마디에도 귀를 기울였어요.

날마다 반성하고 일기 쓴 왕
세손 시절부터 정조는 날마다 일기를 썼어요. '존현각 일기'예요. 뒤에 이 일기를 '일성록'이라고 했어요. '날마다 돌아보는 기록'이라는 뜻이에요. '감기 기운이 있어 공부를 못했다.'라며 자신을 돌아보는 일부터 '홍수가 난 곳에 곡식을 내렸다.'는 나랏일까지 꼼꼼히 적었어요. 그 뒤 150여 년 간 〈일성록〉은 왕들의 습관으로 이어졌고 세계 유네스코 기록 유산이 되었어요.

누구도 넘보지 못하는 방어

한양은 백성들이 사는 성과 적을 막는 산성을 따로 두었어요. 화성은 이 두 가지를 합쳤어요. 백성들이 생활하는 공간을 가장 튼튼하게 방어하도록 만들었어요. 동서남북 4개의 문 옆에 감시대를 두고, 내려다보면서 공격할 수 있는 공심돈, 포를 쏘는 포루 등 군사 시설도 갖추었을 뿐 아니라 쓰임새도 뛰어나게 지었어요.

아름다움이 적을 이긴다

화성은 편리한 쓰임새와 튼튼한 방어 기능을 중요하게 여기면서도 아름다움까지 놓치지 않았어요. 정조는 아름다움이 적을 이기는 것이라면서 실용적 아름다움을 강조했어요. 아름답기로 유명한 용연은 연못을 만들기 위해 파낸 흙을 건축에 이용했어요. 보통 때는 물을 저장하는 역할도 해요. 화홍문의 수문 아래 놓은 돌들은 저마다 모양이 달라요. 물이 다양하게 튀기는 아름다움을 위해서예요. 방화수류정의 십자전돌이나 전각의 지붕들 곳곳에도 아름다움이 숨어 있어요.

하나도 빠짐없는 꼼꼼한 기록

정조는 화성 만드는 과정을 아주 꼼꼼히 기록하게 했어요. 거중기 같은 기계의 원리, 건축물의 설계도는 물론이고 일하는 사람 하나하나도 기록했어요. 어디서 왔고, 며칠을 일했고, 얼마를 주었는지 적었어요. 심지어 쓰인 못의 종류와 개수, 가격까지 기록했어요. 이 기록이 〈화성성역의궤〉로 세계 기록 유산이에요. 그때의 건축을 알 수 있으며 복원하는 데도 귀중한 자료예요.

정조는 왜 정약용에게 화성 건축을 맡겼을까?

정약용은 과학자나 건축가는 아니에요. 그런데도 정조는 정약용에게 화성을 설계하고 거중기 같은 기계를 직접 만들어 화성을 짓게 했어요. 정조는 낡은 것을 뒤로하고 새 도시 화성으로 자신의 새로운 정치를 펼치고자 했어요. 그러자면 지금 권력을 가진 사람이 아니라 새로운 생각을 지닌 사람이 필요했지요. 정조의 생각에 알맞은 사람이 바로 정약용이었어요.

한강이 만든 석촌 호수와 송파 나루 공원

잠실 쪽 한강에 옛날에는 '부리도'라는 작은 섬이 있었어요. 이 섬과 육지를 잇고 물길을 막아 땅을 만들었어요. 그때 남겨진 물이 호수가 되었어요. 석촌 호수예요.
석촌 호수를 따라 만든 공원은 시민들의 쉼터이지요. 조선 시대 배가 드나들던 송파 나루가 있던 곳이라 송파 나루 공원이라고 불러요.

문화를 즐기기 시작하는 서민들

농업과 상업의 발달로 살림이 넉넉해진 서민들은 문화와 예술에 관심이 생겼어요. 양반들의 문화와 다르게 서민 문화는 있는 그대로를 소박하게 표현했어요. 양반의 허세를 꼬집기도 했어요.

상민 아이도 가는 서당

조선 후기에는 서당이 많아졌어요. 여유가 생긴 상민들이 아이들을 서당에 보냈어요. 서당에서는 훈장님이 일곱 살에서 열여섯 살까지의 아이들을 가르쳤어요. 보통 〈천자문〉으로 한문을 익히고 〈명심보감〉처럼 쉬우면서 교훈이 담긴 책을 익혔어요. 수업료는 훈장님의 양식으로 쓸 쌀이나 땔나무, 옷 정도였어요. 책 한 권을 다 배우면 떡을 나눠 먹는 '책거리'라는 작은 잔치를 열었어요.

생활을 담은 풍속화, 복을 부르는 민화

양반들은 정신세계만 중요하고 일상생활을 그리는 것은 하찮다고 생각했어요. 하지만 조선 후기의 김홍도나 신윤복 같은 화가들은 서민 생활을 담은 풍속화를 그리기 시작했어요. 있는 그대로의 모습을 살려 익살스럽고 재치 있게 표현했어요. 호랑이, 까치, 꽃, 나무 들을 그린 민화도 유행했어요. 민화에는 복을 부르고 오래 살기를 원하는 서민들의 바람이 담겼어요.

양반의 허세를 비웃는 탈놀이

서민들은 광대들이 탈을 쓰고 춤추고 노래하는 탈놀이를 좋아했어요. 겉과 속이 다른 양반들의 허세를 비웃고 나쁜 점을 꼬집고, 놀려 주는 이야기를 서민들이 즐거워했어요. 광대들은 사람이 많이 모이는 칠패 시장이나 노량진, 양주, 송파처럼 장터, 포구에서 탈놀이를 했어요. 상인들은 더 많은 사람을 모으기 위해 탈놀이를 열었어요.

속 시원하게 해 주는 판소리

판소리는 한 사람의 소리꾼과 북을 치는 고수가 긴 이야기를 엮어 내요. 창(노래)을 하다가 아니리(말)도 하면서 공연을 해요. 조선 후기에 널리 퍼졌어요. 열두 마당이 있었는데 지금은 '춘향가, 심청가, 흥보가, 수궁가, 적벽가' 다섯 마당만 전해져요. 판소리 역시 양반을 풍자하거나 신분 차별을 비판하는 이야기로 인기를 끌었어요.

광대의 흥이 넘치는 송파 나루 시장

조선의 상업이 발달하면서 나라 곳곳에 장시가 생겼어요. 전국에 있는 열다섯 개의 큰 장시 가운데, 송파장으로는 한양에서 필요한 경기 쌀, 숯, 담배, 소, 채소, 곡식 등 갖가지 물건이 들어왔어요. 송파 나루는 물건이 서해로 드나들고 전국으로 퍼지는 교역 장소였어요. 사람이 많이 모이는 송파장에서는 흥을 돋우는 '송파 산대놀음'이 열리기도 했어요.

정조와 함께한 사람들

새로운 조선을 만들려는 정조와 함께한 사람들이 있어요. 영의정부터 실학자, 신분 때문에 벼슬을 할 수 없었던 서얼, 문관에 밀렸던 무관까지 곳곳에서 정조와 발걸음을 함께했어요.

신해통공, 채제공
* 정조 때의 영의정.
* 정조의 탕평책을 실천.
* 금난전권 없애는 '신해통공' 건의.
* "진실로 나의 사심 없는 신하, 너(정조)의 충신."이라고 영조가 평함.

열하일기, 박지원
* 실학파 중 북학파의 으뜸.
* 수레와 화폐 사용 주장.
* 청 기행문 〈열하일기〉를 씀. 그 시절 최고의 베스트셀러.
* 근엄한 글에서 벗어나 새로운 문장 씀. 정조와 의견 달리함.
* 〈허생전〉, 〈양반전〉, 〈호질〉 등 소설 씀. 체면 앞세우는 양반 비틀음.

책 바보, 이덕무
* 북학파 실학자.
* 같은 서얼 출신 박제가, 유득공과 규장각 검서관.
* 스스로 책만 읽는 바보라 함. 수만 권 읽음.
* 청까지 이름난 문장가. 규장각 경시대회 장원.
* 글씨도 잘 썼고 그림도 잘 그림.
* 〈관독일기〉, 〈이목구심서〉 등을 씀.
* 죽은 뒤에도 정조가 그리워함.

만물박사, 정약용
* 중농파 실학자.
* 22세에 성균관 입학. 이때부터 정조가 인정.
* 배다리, 거중기 설계.
* 유배 동안 5백여 권 씀. 백성을 위한 책을 씀. 관리 지침서 〈목민심서〉, 형벌 교과서 〈흠흠신서〉, 홍역 치료법 〈마과회통〉 등.

무술 달인, 백동수
* 창검의 일인자인 무관.
* 무과 급제했으나 낙향지으며 무예 연마.
* 장용영의 종9품 초관.
* 이덕무, 박제가와 〈무예도보통지〉를 만듦. 백동수의 무술 시범을 그림. 그림으로 쉽게 전투 기술을 익히게 함.

교과서 돋보기

편리한 세상, 넉넉한 세상을 만들려는 실학자

세상이 변하고 신분 제도는 흔들렸지만 권력을 쥔 높은 양반들은 성리학에만 매달렸어요. 몇몇 학자들은 성리학으로는 변하는 세상의 문제를 해결할 수 없다고 생각했어요. 살아가는 데 필요한 학문으로 백성들을 잘살게 해야 한다는 주장이 나왔어요. 바로 실학이에요.

경세치용과 이용후생 그리고 실사구시

실학자들은 실제로 활용되어야 진짜 학문이라고 주장했어요. '경세치용', 세상을 다스리는 데에 실제로 이익을 줄 수 있는 것이어야 한다, '이용후생', 편리하게 쓰고 먹을 것, 입을 것을 넉넉하게 만들어 백성들의 생활이 나아지게 한다. '실사구시', 사실을 바탕으로 과학의 진리를 알아 간다. 이 세 가지를 실학에서는 중요하게 여겼어요. 곧 백성들에게 이익이 되고 백성들이 편리하게 만들어야 하고 그 방법은 과학적이야 한다는 뜻이지요.

가장 먼저 농업, 가장 먼저 상업

어떤 실학자들은 가장 먼저 해결할 문제를 토지 개혁이라고 주장했어요. 백성들이 어려운 이유는 양반 지주가 땅을 차지했기 때문이라고 생각했어요. 이들을 중농학파라고 불렀어요. 유형원, 이익, 정약용 같은 학자들이에요. 상공업 발달이 먼저라는 학자들도 있었어요. 부자 나라, 강한 나라를 만들려면 상업, 공업이 천하다는 생각을 버리고 발전시켜야 한다는 주장이에요. 홍대용, 박지원, 박제가 등이에요.

과학 기술이 중요하다, 북학파

홍대용, 박지원, 박제가 등을 북학파라고도 해요. 청의 문물을 받아들여 발전하자고 주장했어요. 성리학에서는 세상의 중심은 중국이라고 해요. 홍대용은 이런 생각을 비판했어요. 지구는 둥글고 조선도 세상의 중심이 될 수 있다고 했어요. 박지원이나 박제가는 수레, 선박을 이용해 더 좋은 물건을 만들고, 만든 물건들을 쉽게 사고팔게 하면 조선도 부자 나라가 될 수 있다고 주장했어요.

겉껍데기 양반에게 웃음을 날린 박지원

박지원은 〈양반전〉, 〈허생전〉 등을 썼어요. 〈양반전〉은 양반을 돈으로 사려는 부자 상민 이야기예요. 체면과 겉치레만 중요하게 생각하는 양반을 비꼬고, 횡포를 부리는 양반을 비판했어요. 〈허생전〉은 글만 읽던 허 생원이 장사로 큰돈을 버는 이야기예요. 능력 없는 양반과 상업의 중요성을 보여 주어요. 박지원은 양반이지만 양반들의 허세를 비판하고 실학사상을 재미난 이야기로 풀었어요.

서민들을 웃고 울게 한 이야기

한글 소설은 서민에게 인기 있었어요. 평범한 주인공이 어려움을 겪어 내고 복을 받는 이야기, 신분 차별을 꼬집고 양반을 익살스럽게 풍자하는 이야기를 모두 좋아했어요. 소설의 인기가 높아지면서 돈을 받고 책을 빌려주는 세책가도 생기고 소설을 읽어 주는 '전기수'라는 직업도 생겼어요. 사람들을 모아 놓고 읊조리듯 재미있게 읽는 솜씨가 뛰어났어요. 전기수가 한참 재미있게 읽다가 갑자기 딱 멈추면 듣던 사람들은 더 듣고 싶어 돈을 던졌어요. 글을 모르는 사람들도 전기수 덕에 소설을 즐길 수 있었어요. 전기수는 무슨 이야기를 들려주었을까요?

바람을 부리고 둔갑술을 쓰는 홍길동

때는 세종 시절. 홍판서와 노비 사이에서 홍길동이 태어났어. 길동은 남달랐어. 공부면 공부, 무예면 무예 빠지지 않아. 바람과 구름을 부리고 둔갑술까지 척척! 아이고, 그럼 뭐 하나? 어머니 신분이 천하니 길동은 아버지조차 아버지라 부르지 못해. 길동은 훌쩍 집을 떠나 의적이 되었어. 나쁜 부자, 관리의 재물을 뺏어 가난한 백성에게 나눠 주네. 그 이름이 '활빈당'이야! 자, 그럼 활빈당은 조선 팔도를 어떻게 흔들었을까? 그 이야기는 말일세…….

신분을 뛰어 넘는 사랑, 춘향전

때는 숙종 시절. 전라남도 남원 땅에는 기생 월매의 딸 춘향이 그리 곱다고 소문이 떠들썩했어. 오월 오일 단옷날, 사또 아들 이몽룡이 광한루로 경치 구경을 갔다가 드디어 춘향이를 보았네. 그네 타는 모습에 첫눈에 딱! 반했지. 둘은 꿈같이 사랑했어. 하지만 사또 아들과 기생 딸의 사랑이 어찌 이뤄질까? 그런데 이뤄져, 이뤄진다고. 그 이야기는 말일세…….

인당수 깊은 물에 몸을 던지는 심청

옛날 황주 땅에 눈멀어 앞을 못 보는 심학규가 있었어. 늦은 나이에 딸을 낳았는데 아내가 그만 죽고 말아. 심 봉사는 젖동냥해 눈물로 딸 청이를 키웠어. 어느새 자란 청이는 아비를 정성으로 모시네. 그러던 청이가 어느 날 인당수 깊은 물에 몸을 풍덩 던져. 앞도 못 보는 아비를 두고, 아, 왜 그랬을까? 그 이야기는 말일세…….

강남 갔다 온 제비가 찾아간 흥부

어느 고을에 달라도 너무 다른 형제가 살았어. 형님 놀부는 욕심이 하늘을 찌르는데 동생 흥부 착한 마음이 땅에 가득 퍼질 정도였어. 부모님이 돌아가시자 놀부는 흥부를 내쫓았어. 고생 고생하던 흥부가 갑자기 고래 등 같은 집에서 떵떵거리며 살게 되었어. 비밀은 강남 갔다 온 제비였어. 놀부는 그 비밀을 알고 온종일 제비 잡으러 뛰어다니는데, 그 비밀이 궁금한가? 그 이야기는 말일세…….

저항과 항전의 역사를 간직한 진주성

진주성은 역사 속에서 여러 번 큰 사건의 무대였어요. 임진왜란 때는 김시민 장군과 진주 백성들이 일본군을 크게 물리친 진주 대첩이 벌어졌어요. 논개는 진주성 촉석루에서 일본군 장군을 끌어안고 남강에 몸을 던졌어요. 조선 후기 임술년에는 전국에서 농민 민란이 일어났는데 첫 시작은 진주 민란이에요. 진주성 곳곳에는 역사의 흔적들이 남아 있어요.

조선을 갉아먹는 세도 정치

새롭고 강한 조선을 만들고자 했던 정조가 죽고, 순조, 헌종, 철종 시기로 이어지는 동안 조선의 권력은 몇몇 왕비 가문이 잡았어요. 이들 가문의 세도 정치로 조선은 서서히 흔들리기 시작했어요.

권력을 움켜쥔 가문

순조는 열한 살에, 헌종은 여덟 살에 왕이 되었어요. 왕이 어려 대비나 대왕대비가 대신 정치를 하는 수렴청정을 했어요. 왕의 힘은 약해지고 수렴청정을 하는 외척의 힘은 강해졌어요. 외척 가문인 안동 김씨, 풍양 조씨끼리 중요한 관직을 차지하고 마음대로 했어요. 이것을 세도 정치라고 해요. 순조, 헌종, 철종 3대 60여 년 동안 세도 정치가 계속되었어요.

뒤로 사고파는 벼슬

잘못을 지적하는 세력이 없으니 세도 가문은 나랏일을 마음대로 했어요. 세도 가문은 심지어 돈을 받고 벼슬을 팔았어요. 과거 시험도 부정한 방법으로 합격시켰어요. 또 과거에 급제해도 좋은 관직을 하려면 세도 가문에 돈을 바쳐야 해요. 세도 가문의 재물이 썩어 가고 조선의 정치도 썩어 갔어요.

무너지는 나라 살림

돈으로 벼슬을 산 관리들은 그 돈을 보상받으려고 했어요. 결국 백성들에게 빼앗았어요. 엉뚱한 세금을 물게 해 가로챘어요. 반대로 나라에 보낼 세금은 줄였어요. 백성들은 배고파 울고, 나라의 곳간은 비어 갔어요.

호랑이보다 무서운 삼정

땅에 매기는 전세, 군역 대신 내는 군포는 정해진 기준이 있어요. 부패한 수령이나 아전들이 이런 세금을 멋대로 더 거뒀어요. 환곡은 백성들이 어려울 때 곡식을 빌려주는 제도였어요. 이 제도를 이용해 백성들을 못살게 했어요. 이렇게 전정, 군정, 환곡, 세 가지(삼정) 때문에 백성의 불만은 점점 커졌어요.

죽은 사람, 아기 몫의 세금도 내라 하네

열여섯 살에서 예순 살까지 남자는 군대를 가는 대신에 베 한 필을 세금으로 냈어요. 이것이 군포예요. 나쁜 수령, 아전 들이 간사한 꾀를 냈어요. 죽은 사람 몫으로, 아직 자라지도 않은 아기 몫으로도 군포를 내라고 백성들을 윽박질렀어요. 견디다 못해 도망을 가면 그 친척 혹은 이웃에게 군포를 거뒀어요.

몰래 몰래 살핀 암행어사, 드디어 출두요!

암행어사는 어떤 나라에도 없는 조선의 특별한 제도예요. 왕이 암행어사로 갈 신하를 직접 불러서 알리면 암행어사가 된 신하는 심지어 집에도 들르지 못하고 바로 떠나야 해요. 누가, 언제, 어디로 가는지 아무에게도 알리지 않기 위해서예요. 알려지면 지방 관리들이 잘못을 미리 감추고, 백성들은 눈치 보느라 어려움을 알리지 못하기 때문이에요. 세도 정치 시절, 삼정의 문란 같이 지방 수령, 아전 들의 잘못이 많아지면서 암행어사의 수도 많아졌어요.

호미 들고 곡괭이 들고 일어서다, 진주 민란

진주성에서 화난 백성들이 든 횃불이 타올랐어요. 수령에게 빼앗기고, 아전에게 빼앗기고, 백성들은 아무리 땀 흘려 농사를 지어도 뺏기기만 했어요. 먹는 날보다 굶는 날이 더 많았지요. 백성들은 도저히 참을 수 없었어요. 머리에 흰 띠를 두르고 손에는 호미와 곡괭이를 들고 관청으로 쳐들어갔어요. 진주 민란이 일어났어요.

우리 땅, 우리 역사부터 알자는 실학자

세상의 중심을 중국이라고 생각하는 성리학자들과 달리, 실학자들은 우리 민족의 전통에 관심을 가졌어요. 실제 생활에 필요한 학문에 더 관심을 가졌어요.

우리 역사를 강조하는 국학

중국은 세상의 중심인 중화, 조선은 작은 중국이라는 '소중화' 사상이 있었어요. 실학자들은 그보다 우리만의 역사가 중요하다고 주장했어요. 안정복은 〈동사강목〉에서 우리 역사의 정통을 이야기하고, 유득공은 〈발해고〉에서 발해를 우리 역사로 보며 만주를 우리의 영토로 여겼어요.

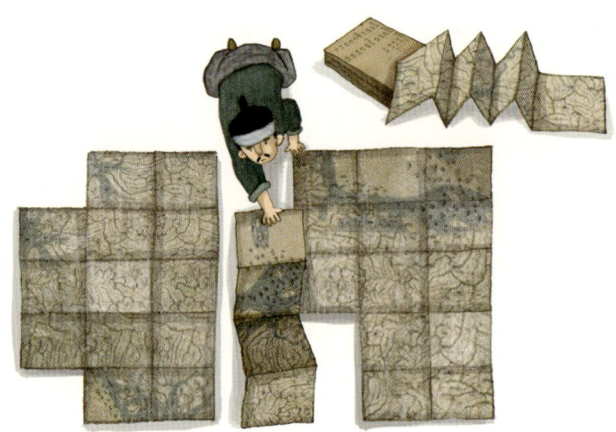

우리 땅을 알자, 지리서와 지도

우리 땅에 대한 관심도 높아졌어요. 이중환은 우리 땅의 자연과 경제, 풍속 들을 조사해 〈택리지〉를 펴냈어요. 정상기는 100리를 1척으로 줄여, 최초로 정확하게 그린 지도 〈동국지도〉를 만들었어요. 김정호는 〈대동여지도〉를 목판으로 만들어 지도를 많이 만들 수 있게 했어요. 접어서 들고 다닐 수 있어 전국을 돌며 장사하는 상인들에게 도움이 되었어요.

우리말 한글 연구와 실용서 등장

한자를 귀한 말로 여기고 한글은 천한 글이라던 생각에서 벗어나 한글 연구도 했어요. 신경준은 〈훈민정음운해〉를, 유희는 〈언문지〉를 펴냈어요. 이익은 온갖 지식을 담은 〈성호사설〉을 썼어요. 〈성호사설〉은 해, 달, 별, 바람 같은 천문에 관한 것, 옷, 음식, 가축, 화초 등 생활에 관한 것, 서양 기술까지 실어 그야말로 백과사전이에요.

전통 과학 더하기 서양 과학

청을 통해 들어온 서양 과학은 우리 전통 과학과 만나 더욱 발전했어요. 홍대용은 지구가 스스로 돈다는 지전설을 주장했어요. 하늘의 움직임과 위치를 측정했어요. 이제마는 '사상 의학'이라는 새로운 의학 사상을 만들었어요. 사람의 체질을 태양·태음·소양·소음이라는 네 유형으로 나누고 그에 따라 병을 진단하고 치료하는 우리 고유의 의학이에요.

참다못해 일어서는 백성들, 농민 봉기

백성의 재물을 탐내서 뺏는 '탐관오리' 때문에 백성들은 하루하루가 살기 힘들었어요. 제멋대로 세금을 매기고, 온갖 구실로 뺏어 가는 수령과 아전 들 때문이었어요. 결국 참다못한 백성들은 일어섰어요.

평안도에서 홍경래가 이끈 난

조선에서 평안도 출신은 차별을 받았어요. 이에 대한 불만과 세도 정치를 비판하며 홍경래가 농민, 상인, 광산 노동자들과 뭉쳤어요. 홍경래는 10년 동안이나 난을 준비했어요. 홍경래와 군사들은 정주성을 점령하고 저항했지만 관군에게 패했어요. 비록 실패했지만 이 소식이 억압받는 백성들의 마음을 흔들었어요.

진주에 피어 오른 횃불

진주에는 행정을 담당하는 진주 목사의 관아도 있고 군사 주요 지역에 있는 경상도 우병영도 있어 백성들이 더 시달렸어요. 경상우도 병마절도사 백낙신은 온갖 세금을 거두어들였어요. 백성들을 괴롭혀 받아 낸 세금을 자기가 가져갔어요. 견디기 힘든 백성들은 몹시 화가 났어요.

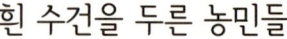

흰 수건을 두른 농민들

유계춘은 화가 난 농민들을 이끌었어요. 농민들은 머리에 흰 수건을 두르고 서로 뭉쳤어요. 손에는 몽둥이나 농기구를 들었어요. 장터를 휩쓸면서 백성들이 점점 더 모였어요. 구름처럼 진주성으로 몰려갔어요. 진주성을 점령하고 아전들을 혼내 주었어요.

온 나라로 퍼지는 불꽃

나라에서는 '안핵사' 박규수를 진주로 보냈어요. 박규수는 백낙신과 관리들의 잘못과 죄를 찾아냈어요. 관리들을 내쫓고 난을 일으킨 사람도 처형했어요. 하지만 진주 민란 소식은 온 나라로 퍼져 임술년 한 해 동안 70여 곳에서 농민 봉기가 일어났어요. 이것을 임술민란이라고 해요.

힘없는 나라, 새로운 물결

임술민란에 놀란 나라는 '삼정이정청'을 세우고 삼정의 문란을 바로잡으려 했어요. 하지만 세도 정치 세력들의 반대로 소용이 없었어요. 희망이 없는 백성들은 미륵 사상이나 정감록 같은 예언 사상에 의지했어요. 또한 농민들의 의식이 점점 깨어났어요. 뒤에 일어나는 동학 농민 운동의 씨앗도 서서히 뿌려졌어요.

왜란을 겪은
선조 1567~1608
- 임진왜란, 정유재란 일어나다.
- 이순신의 한산 대첩, 권율의 행주 대첩, 김시민의 진주 대첩으로 왜군을 막아 내다.

실리 외교
광해군 1608~1623
- 명과 후금 사이에서 실리 외교를 펴다.
- 대동법을 시작하다.
- 〈동의보감〉 완성하다.

호란을 겪은
인조 1623~1649
- 정묘호란, 병자호란이 일어나다.
- 삼전도의 굴욕을 겪다.

나라를 잃은
순종 1907~1910
- 한일 신협약으로 일본의 통치를 받다.
- 안중근 의거 일으키다.
- 한일 합병으로 나라를 잃다.

대한 제국 첫 황제
고종 1863~1907
- 병인양요, 신미양요, 운요호 사건 일어나다.
- 동학 농민 운동, 임오군란, 갑신정변이 일어나다.
- 근대화를 시작하다.
- 대한 제국을 세우다.
- 을사늑약을 강제로 맺다.

세도 정치에 눌린
철종 1849~1863
- 최제우의 동학이 생기다.
- 임술 농민 봉기 일어나다.

삼정 문란에 시달린
헌종 1834~1849
- 삼정의 문란이 심해지다.
- 서양 이양선이 출몰하기 시작하다.
- 한국인 최초 신부 김대건 순교하다.

북벌론을 편
효종 1649~1659
- 나선 정벌을 하다.
- 하멜, 제주도 표류하다.

당쟁에 시달린
현종 1659~1674
- 남인과 서인의 당쟁이 심해지다.

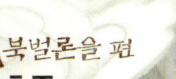

상평통보가 널리 쓰인
숙종 1674~1720
- 백두산 정계비를 세우다.
- 대동법 전국 실시하다.
- 안용복이 독도에서 일본을 쫓아내다.

재위 기간이 짧은
경종 1720~1724
- 노론, 소론의 당쟁이 심해지다.

세도 정치가 시작된
순조 1800~1834
- 홍경래의 난이 일어나다.
- 관아에 예속된 공노비를 없애다.
- 을해박해 일어나다.
- 세도 정치 시작되다.

부흥기를 이끈
정조 1776~1800
- 규장각을 세우다.
- 신해통공을 발표하다.
- 화성을 세우다.
- 문화 정치를 펴다.
- 서얼을 등용하다.
- 184권 100책의 문집 〈홍재전서〉를 쓰다.

탕평책을 편
영조 1724~1776
- 탕평책으로 당쟁을 막으려 하다.
- 탕평비를 세우다.
- 균역법을 실시하다.
- 청계천을 정비해 한양 하수 문제 해결하다.
- 고구마를 들여와 구황 식량으로 쓰게 하다.